AF299483

SOCIÉTÉ DE LÉGISLATION COMPARÉE

ALLOCUTION

PRONONCÉE

A LA

SÉANCE GÉNÉRALE DU 12 JANVIER 1898

PAR

M. Ch. LYON-CAEN

MEMBRE DE L'INSTITUT,
PROFESSEUR A LA FACULTÉ DE DROIT DE L'UNIVERSITÉ DE PARIS,
PRÉSIDENT DE LA SOCIÉTÉ

PARIS

LIBRAIRIE COTILLON

F. PICHON, SUCCESSEUR, ÉDITEUR

Libraire du Conseil d'État et de la Société de Législation comparée

24, Rue Soufflot, 24

1898

ALLOCUTION

PRONONCÉE

A LA

SÉANCE GÉNÉRALE DU 12 JANVIER 1898

PAR

M. CH. LYON-CAEN

MEMBRE DE L'INSTITUT,
PROFESSEUR A LA FACULTÉ DE DROIT DE L'UNIVERSITÉ DE PARIS,
PRÉSIDENT DE LA SOCIÉTÉ

MES CHERS ET HONORÉS COLLÈGUES,

La Société de Législation comparée entre dans la vingt-neuvième année de son existence. Cette longue période de plus d'un quart de siècle a été remplie pour elle d'une suite ininterrompue de succès. L'année qui vient de s'écouler a, sous ce rapport, ressemblé aux précédentes. Le nombre des membres n'a pas cessé d'augmenter ; le moment n'est pas éloigné où il sera de quatorze cents. Plus de cent collaborateurs ont participé aux travaux de nos Annuaires et de nos Bulletins publiés en 1897. Aussi pouvons-nous affirmer, sans crainte d'être accusés d'un faux orgueil, que peu de sociétés savantes comptent un pareil effectif et un nombre égal de travailleurs désintéressés.

Du reste, partout, à l'Étranger comme en France, on ne cesse de reconnaître les services que nous rendons. A une époque encore toute récente, au mois d'octobre dernier, notre Société obtenait à l'Exposition internationale de Bruxelles la plus haute récompense, un diplôme de grand prix. Le jury, particulièrement bien informé, décernait en même temps une médaille d'or de collaborateur à celui qui est actuellement l'artisan le plus actif de notre prospérité, à notre cher Secrétaire général, M. Fernand Daguin. Puis, par une décision qui ne peut s'expliquer que par l'embarras qu'il y avait à choisir entre tant de collaborateurs dévoués et méritants, le jury accordait la même récompense à celui qui a l'honneur d'être votre Président.

Mais les sociétés ne doivent, pas plus que les individus, se complaire dans la contemplation de leurs succès présents ou passés. Si elles s'y arrêtent quelque peu, ce doit être pour chercher à réaliser de nouveaux progrès, à faire toujours mieux.

Pénétré de cette idée, le Conseil de Direction s'efforce sans cesse de développer et d'améliorer nos collections, de rendre plus régulière et plus prompte la publication de nos travaux.

Durant les deux dernières années, il a fait agréer par le Comité de législation étrangère du Ministère de la justice les projets de traduction de deux œuvres législatives importantes, le Code civil et le nouveau Code de commerce allemands. Ces deux codes, promulgués, le premier en 1896, et le second en 1897, seront appliqués à partir du 1er janvier 1900. Nous comptons sur le zèle des traducteurs pour faire en sorte que leurs traductions puissent paraître à une date voisine de celle de la mise en vigueur de ces deux Codes.

La collection de nos Annuaires de législation étrangère comprend vingt-cinq volumes. Le nombre des actes législatifs qui y sont traduits ou analysés est considérable ; sur beaucoup de sujets, depuis 1871, des lois successives se sont modifiées ou complétées les unes les autres. Aussi est-il souvent très malaisé de déterminer, à l'aide de nos Annuaires, l'état exact de la législation d'un pays. Les recherches sont longues et, malgré tout le soin qu'on peut y apporter, on risque de commettre de fâcheuses erreurs. Pour remédier à un état de choses provenant de l'ancienneté de notre principale collection, le Conseil de Direction a décidé, il y a déjà quelques années, qu'il serait fait une table générale des vingt premiers volumes des Annuaires. Comme toujours, nous avons trouvé, pour ce travail, des collaborateurs volontaires. Il est bien à désirer que leur œuvre soit terminée bientôt et que nous donnions ainsi aux travailleurs ce nouvel et nécessaire instrument sans lequel toutes les richesses de nos Annuaires risquent de rester enfouies et sans emploi.

— 3 —

Ces Annuaires de législation étrangère, qui ont répandu dans le monde entier la réputation de notre Société, ne paraissent plus malheureusement avec toute la régularité désirable. Pendant longtemps l'Annuaire était publié durant l'année qui suivait celle de la date des lois dont il contenait la traduction. Peu à peu, nous nous sommes mis en retard d'une année entière, et c'est seulement il y a quelques semaines, à la fin de 1897, qu'a été distribué l'Annuaire contenant les lois de 1895. L'époque à laquelle nous sommes mis au courant du mouvement législatif des pays étrangers, est ainsi notablement reculée. Nous devons tout faire pour revenir à l'ancien usage. Il y aura sans doute pour cela des difficultés à surmonter ; elles viendront du grand nombre des lois à traduire, de celui des traducteurs et parfois de leur éloignement. 'Mais il n'y a pas de difficultés insurmontables quand il s'agit de l'intérêt supérieur de notre Société et que celui qui a à les vaincre est notre dévoué et infatigable Secrétaire général.

Il semble qu'il ne soit pas trop ambitieux de nous assigner la fin du siècle pour faire paraître la table de nos Annuaires et pour revenir à l'ancienne régularité de nos publications. Il est particulièrement à désirer qu'en 1900, nous soyions à même d'offrir à nos membres cette précieuse table et l'Annuaire qui contiendra les lois de 1899. Beaucoup de nos collègues viendront, nous l'espérons, des départements et des pays étrangers à Paris. Ils y seront attirés, non seulement par l'Exposition universelle, mais aussi par la réunion extraordinaire qui, d'après une décision du Conseil de Direction, sera organisée, à l'imitation de celle de 1889, pour célébrer à la fois la fin du XIXᵉ siècle et le trentième anniversaire de notre fondation. Nous avons le projet d'y convier, avec nos correspondants et nos collègues français et étrangers, les sociétés de législation comparée créées dans plusieurs pays à l'imitation de la nôtre ; nous les inviterons à nous envoyer des délégués.

En arrêtant le projet de la réunion extraordinaire de 1900, le Conseil de Direction n'a fait, sans s'en douter, que réaliser le vœu d'un de nos plus chers fondateurs, qui a été l'un de nos secrétaires généraux et de nos présidents. Lors de la réunion de 1889, un de nos collègues étrangers exprima le souhait qu'en 1969, au milieu de la paix et de l'union désormais affermies de tous les peuples, le centième anniversaire de la Société de Législation comparée fût célébré. M. Ribot, prenant la parole, déclara ne pas accepter ce lointain rendez-vous ; mais il ajouta aussitôt : « Permettez-moi de vous en proposer un autre. « J'espère que tous, nous pourrons célébrer ensemble le com- « mencement du siècle et la fin d'une des plus glorieuses étapes « de l'humanité. »

Ce souhait sera exaucé : la réunion extraordinaire de 1889 sera suivie de celle de 1900. Malheureusement, beaucoup de ceux qui ont participé réellement ou par la pensée à la première, ne prendront pas part à la seconde ; nous avons déjà laissé, depuis 1889, sur notre route un grand nombre de collègues dévoués et aimés.

L'année qui vient de s'écouler a été particulièrement pénible sous ce rapport ; nous avons fait de nombreuses et grandes pertes parmi nos correspondants, nos membres français et nos membres étrangers. Plusieurs de ceux que nous avons perdus, ont été au nombre des ouvriers de la première heure, beaucoup ont été nos collaborateurs actifs et tous ont contribué, en nous donnant l'appui de leur nom entouré d'une légitime réputation ou de l'estime publique, à rehausser l'éclat de notre Société.

La mort a frappé quatre de nos quarante correspondants : MM. BEELAERTS VAN BLOCKLAND, de La Haye ; GOLDSCHMIDT, de Berlin ; SERAFINI, de Pise ; Alexandre LAHOVARY, de Bucarest.

M. BEELAERTS VAN BLOCKLAND, entré aux États généraux des Pays-Bas en 1883, était, à la seconde Chambre dont il fut pendant quelque temps président, député de la circonscription de Delft. En outre, se rattachant par ses origines à l'Afrique du Sud, il représentait la jeune République du Transvaal à Paris, à Berlin et à Lisbonne. Récemment, dans des circonstances difficiles, il contribua, par son zèle et sa fermeté, à faire triompher la cause du droit. Tout en exerçant ses hautes fonctions politiques et diplomatiques, il ne cessa de s'intéresser aux progrès de la législation, et le gouvernement hollandais ne fit que reconnaître la considération dont il jouissait comme jurisconsulte, en le déléguant aux deux conférences de Droit international de La Haye, en 1893 et en 1894. Il avait, à plusieurs reprises, donné à notre Annuaire d'intéressantes notices sur les travaux des États généraux des Pays-Bas. En 1889, il assistait à notre réunion extraordinaire. Il y prit la parole et montra quels étaient les bienfaits de la Société de Législation comparée dans un domaine qui lui était familier, dans le domaine parlementaire.

« Notre Société, disait-il, pourvoit abondamment aux besoins
« parlementaires du monde entier. Quel arsenal incomparable
« de faits elle nous offre constamment dans ses Annuaires et
« dans ses travaux mensuels! Quelle fontaine de droit elle fait
« jaillir avec une abondance et une vigueur toujours croissantes!
« Quel bain juridique salutaire elle nous fait prendre, à nous
« parlementaires, pour corroborer notre santé et la droiture de
« nos vues! »

Les noms de MM. Serafini et Goldschmidt peuvent être rap-
prochés. L'un et l'autre ont, par leur enseignement et leurs
ouvrages, rendu à la science du Droit les plus grands services et
leur juste renommée avait dépassé les limites de leur pays.

M. Philippe Serafini était né en 1831 dans le Tyrol italien. Il
avait fait ses études dans les universités de l'Autriche. Il en rap-
porta une grande estime pour la science des jurisconsultes allemands voués à l'étude du Droit romain. Aussi s'efforça-t-il de faire
pénétrer en Italie les méthodes des romanistes de l'Allemagne,
en publiant un traité des Institutes et en traduisant les Pandectes
d'Arndts dont il avait suivi les cours à Vienne. Ce fut le Droit
romain qu'il professa dans les universités de Pavie, de Bologne,
de Rome et de Pise. Mais il était loin de concentrer toute son
activité dans l'étude du passé : il fut le principal fondateur d'une
Revue justement estimée, l'*Archivio Giuridico*, qui est remplie
d'articles se rattachant à toutes les branches de la législation.
Avec le Droit romain, le Droit commercial avait sa prédilection
et il dirigeait la *Revue de Droit commercial* de Pise. La réputation
dont il jouissait était telle qu'en 1889, il fut consulté officielle-
ment sur le projet de loi fédéral suisse relatif à *la poursuite pour
dettes et à la faillite*, puis chargé de traduire en italien la loi
nouvelle. Le gouvernement italien avait reconnu les services de
M. Serafini en l'appelant à siéger au Sénat du Royaume.

C'est spécialement au Droit commercial que M. Goldschmidt,
né à Dantzig en 1829, avait consacré sa vie. Il l'enseigna avec un
grand éclat dans les universités de Heidelberg et de Berlin. Il a,
en outre, contribué plus qu'aucun autre aux progrès de cette
branche de la législation par de nombreux travaux dont plusieurs
sont classiques, même hors de l'Allemagne. On ne peut citer
tous ses ouvrages, toutes ses études consacrées à des projets

de lois ou de codes, à des questions pratiques, à des problèmes d'histoire du Droit commercial. Mais on ne saurait passer sous silence la grande Revue fondée par lui en 1850, sous le titre de *Revue générale de Droit commercial (Zeitschrift für das gesammte Handelsrecht)*. Cette Revue est pleine d'articles dus à sa plume ou inspirés par lui. Il n'est pas de plus riche collection de documents de toute nature, lois de tous les pays, décisions judiciaires, articles bibliographiques relatifs à la branche la plus vivante et la plus progressive du Droit. Peu d'années après avoir créé ce précieux recueil, M. Goldschmidt publia le premier volume d'un traité de Droit commercial conçu sur le plan le plus vaste. Il contenait, principalement, outre un historique très étudié, l'exposé des principes généraux du Droit commercial, spécialement sur les actes de commerce et sur les commerçants. Ce premier volume, rempli de notions de législation comparée, obtint les éloges mérités de tous les jurisconsultes qui le lurent. Mais l'auteur, avec une conscience qui l'honore, préféra améliorer encore la partie de son œuvre publiée plutôt que de lui donner une suite. Il fit paraître ainsi deux autres éditions de ce même premier volume qu'on peut presque considérer comme des œuvres nouvelles. Dans la troisième édition, parue en 1891, il a présenté une histoire universelle du Droit commercial dans laquelle il jette sur l'origine d'institutions telles que la lettre de change, les sociétés par actions, les assurances, les clartés les plus vives. Malheureusement, frappé par la maladie, l'auteur a laissé inachevée cette histoire qui, telle qu'elle est, constitue déjà un véritable monument. M. Goldschmidt n'a pas seulement enseigné le Droit dans ses cours et dans ses livres, il a été un des principaux artisans de l'unification du Droit privé de l'Allemagne et a contribué comme magistrat à la formation de la jurisprudence commerciale. Il avait publié des travaux remarqués sur les projets dont est sorti le premier Code de commerce allemand de 1861. Il fut pendant plusieurs années juge du tribunal supérieur de commerce de Leipzig. Enfin, en 1874, il fut choisi comme membre et comme rapporteur de la commission chargée de dresser le plan du projet de Code civil.

Il y a peu de semaines, la Société de législation et d'économie politique comparées de Berlin consacrait une séance spéciale à l'éloge de la vie et des travaux de notre regretté correspondant. Nous ne pouvons qu'applaudir aux paroles de l'orateur qui proclamait que M. Goldschmidt a laissé dans la science du Droit un nom dont le souvenir ne périra pas.

M. Alexandre LAHOVARY a été, durant les vingt-cinq dernières années, un des hommes d'État les plus distingués et les plus actifs de la Roumanie. Après avoir fait à Paris d'excellentes études au lycée Louis-le-Grand et à la Faculté de droit, il entra dans la magistrature de son pays. Il n'y resta que peu d'années. Ses goûts, son talent oratoire le portaient vers la vie politique. Devenu membre de la Chambre des députés, il y fut un des plus brillants représentants du parti conservateur, un des orateurs les plus écoutés. A plusieurs reprises, il fut membre des cabinets, comme ministre de la justice ou comme ministre des affaires étrangères. En ces qualités, il a fait procéder à la revision du Code pénal et du Code d'instruction criminelle roumains et il a contribué à la conclusion de traités d'extradition, de traités de commerce, de traités relatifs à la protection de la propriété industrielle avec la plupart des États de l'Europe. Malgré l'ardeur de la lutte des partis, sa droiture, son éloquence, son activité lui ont assuré l'estime générale. A sa mort, la Chambre, dont il était membre, a levé sa séance en signe de deuil. — Je ne puis m'empêcher d'ajouter que M. Alexandre Lahovary a été toujours un fidèle ami de la France. Aussi, le parti conservateur, qui a décidé de lui élever un monument sur une place publique de Bucarest, a pensé ne pouvoir mieux faire pour honorer sa mémoire, que de confier l'exécution de sa statue à un sculpteur français.

Nous avons eu le chagrin de perdre, pendant les dix premiers mois de 1897, parmi nos collègues français, MM. ALGERNON JONES, Louis AMIABLE, BONFILS, CAMESCASSE, Albert DESJARDINS, Marcel GEOFFRAY, Louis LALLEMENT, LEVIEZ, Paul DE RÉMUSAT.

M. ALGERNON JONES était, comme son nom l'indique, d'origine anglaise. Il appartenait au barreau de la Cour d'appel de Paris. Il nous a donné, pendant plusieurs années, une collaboration très utile; il a publié dans nos Annuaires une traduction de la loi anglaise de 1876, provoquée par l'agitation de M. Plimsoll contre les armateurs, qui, dans un but de spéculation, envoient à la mer des navires destinés, par suite de leur mauvais état, à une perte presque certaine et il a fourni à notre Bulletin une intéressante étude sur les assurances maritimes en Angleterre.

A nos grands regrets, l'état de santé de M. Algernon Jones l'avait éloigné de nos travaux depuis plusieurs années.

Nul n'était mieux placé que M. Louis Amiable, pour apprécier la valeur et l'utilité des publications de notre Société. Il ne passa que quelques années au barreau de la Cour d'appel de Paris et exerça, de 1864 à 1879, la profession d'avocat à Constantinople, dans un pays où les juridictions les plus diverses appliquent les lois les plus variées. Il ne tarda pas à y occuper une des premières places, et le gouvernement ottoman reconnaissant son mérite, le nomma conseiller légal de la Sublime-Porte. Durant son séjour en Turquie, M. Amiable a rendu à la bonne administration de la Justice un service spécial qui doit être signalé ici. L'exercice de la profession d'avocat est libre à Constantinople; aucun diplôme, aucune garantie ne sont exigés de ceux qui exercent cette profession. M. Amiable avait sans doute constaté que cette liberté sans limite avait des inconvénients, qu'elle donnait naissance à des pratiques qui ne servaient pas toujours à la découverte de la vérité. Il créa une association d'avocats accessible seulement aux juristes de toute nationalité ayant les grades exigés dans leurs pays respectifs pour l'entrée au barreau et il constitua un conseil de discipline élu par les associés. On affirme que cette association, dont l'organisation est calquée sur celle des barreaux de France, a fait disparaître bien des usages vicieux et contribué à assurer la loyauté des débats judiciaires.

M. Amiable revenu en France a exercé les fonctions de maire du Ve arrondissement de Paris, puis est devenu conseiller à la Cour d'appel d'Aix. Outre des ouvrages de polémique politique ou religieuse, il a publié un *Essai critique et historique sur l'âge de la majorité* et une étude sur *la paternité hors mariage*.

M. Bonfils a enseigné successivement la Procédure civile et le Droit commercial à la Faculté de droit de Toulouse, dont il fut pendant plusieurs années doyen. La vivacité de son esprit, la lucidité de ses leçons et sa verve toute méridionale contribuaient à attirer autour de sa chaire un nombreux auditoire. Au reste, ce n'est pas seulement par son enseignement oral que M. Bonfils avait acquis une grande réputation de jurisconsulte. Il a publié plusieurs ouvrages qui resteront, spécialement une étude sur *la Compétence des tribunaux français à l'égard des étrangers*, un *Précis*

de procédure civile et un *Manuel de Droit international public.*
Ce dernier ouvrage est un des meilleurs qui ait paru en France
sur une matière sur laquelle on a beaucoup écrit durant les dernières années. La mort est venue empêcher l'auteur de faire la
revision de cet excellent livre pour en publier une seconde édition.
Mais ce travail sera accompli par un membre de notre Société
particulièrement compétent (1), et ainsi une seconde édition pos-
thume digne de l'auteur, sera un hommage mérité à la mémoire
de notre regretté collègue.

M. Ernest Camescasse fit, pendant quelques années, partie du
barreau de Paris, puis il entra, après la chute du second Empire,
dans l'Administration. Il fut tour à tour préfet de plusieurs
départements, directeur des affaires communales et départe-
mentales au Ministère de l'intérieur, préfet de police. D'une fidé-
lité inébranlable à ses convictions et à ses amitiés, il rentra dans
la vie privée en 1873 et en 1877, quand le gouvernement com-
battit la cause qui lui était chère. Le bon souvenir qu'avait
laissé son administration dans le Finistère et le Pas-de-Calais,
assura son succès comme député dans le premier et comme
sénateur dans le second de ces départements. Dès l'origine,
M. Camescasse avait appartenu à notre Société. Pendant une
période de loisir que lui laissèrent les vicissitudes de la politique,
il a donné à notre *Bulletin* une étude sur la législation des che-
mins vicinaux dans les principaux États de l'Europe. Ce remarquable travail était fondé sur une enquête législative que, suivant la méthode anglaise, notre Ministère de l'intérieur avait
faite dans les pays étrangers, par l'entremise des agents diplomatiques français.

Comme M. Camescasse, M. Albert Desjardins a été au nombre
des fondateurs de notre Société. Il lui a donné une part de son
activité en fournissant au *Bulletin* différents travaux, spécialement une étude sur *les principes de l'extradition en Angleterre*
et en participant aux délibérations du Conseil de Direction qui
a eu l'honneur de le compter à plusieurs reprises parmi ses
membres.

Tous ceux qui ont suivi notre regretté collègue dans sa trop
courte carrière ont pu constater que partout où il a passé, au

(1) M. Paul Fauchille.

lycée, à la Faculté de Droit, au barreau, à l'Assemblée nationale de 1871, il a obtenu les plus brillants et les plus légitimes succès.

Reçu en 1864 agrégé des Facultés de Droit, il a enseigné successivement à Nancy et à Paris. Il quitta de 1871 à 1876 l'enseignement du Droit pour la politique ; ses compatriotes de l'Oise l'avaient élu à l'Assemblée nationale. La juste considération dont il jouissait le fit désigner pour les postes de sous-secrétaire d'Etat au ministère de l'instruction publique et au ministère de l'intérieur. La part que M. Albert Desjardins comme député prit aux travaux législatifs, durant cette période si active de notre histoire politique, a été considérable. Parmi les propositions de loi dont il fut l'auteur, il en est deux qui méritent spécialement d'être citées, l'une est relative à la création d'une Université à Nancy, l'autre à la répression de l'ivresse publique. Convaincu avec beaucoup d'excellents esprits de la nécessité d'organiser de puissants foyers d'études et de sciences réunissant les différentes Facultés, il demandait, à titre d'essai, la création à Nancy, sur la nouvelle frontière de l'Est, d'une Université, qui aurait compris à la fois les Facultés de cette ville et celles de Strasbourg. Cette proposition était une des premières qui fut relative à la question si souvent agitée depuis, de l'organisation des Universités, et un bon juge, le Directeur actuel de l'enseignement supérieur, a constaté que, dans *l'organisation projetée, les franchises étaient aussi larges, plus larges même que dans les Universités allemandes* (1). — Effrayé depuis longtemps des ravages faits par l'alcoolisme et convaincu de la nécessité de le combattre, il a eu le mérite de proposer la loi du 23 janvier 1873, qui réprime l'ivresse publique.

Ayant échoué aux élections de 1875 à la Chambre des députés, il rentra à la Faculté de Droit de Paris avec le titre d'agrégé et devint en 1877 professeur de législation criminelle.

Malgré la conscience scrupuleuse avec laquelle il les a exercées, jamais ses fonctions universitaires ou politiques n'ont absorbé tout son temps. M. Desjardins a publié de nombreux ouvrages et études sur l'histoire du Droit, sur le Droit romain, sur le Droit civil et le Droit criminel. En même temps, il a écrit des œuvres variées de littérature et de philosophie dont plusieurs furent récompensées par l'Institut; parmi ces œuvres figurent ses

---

(1) Liard, L'*Enseignement supérieur en France*, t. II, p. 339. V. p. 477 le texte de la proposition de loi.

livres sur les *moralistes français* et *sur les sentiments moraux au XVIe siècle.* L'Académie des sciences morales et politiques avait reconnu cette activité féconde en choisissant comme membre libre notre regretté collègue.

Un mal impitoyable a frappé M. Albert Desjardins en pleine force et l'a séparé pendant près de huit ans de ses collègues et de ses amis. Mais nul ne l'a oublié ni ne l'oubliera, il a eu de trop hautes qualités intellectuelles et morales pour que son souvenir ne demeure pas ineffaçable chez tous ceux qui l'ont connu.

M. Marcel GEOFFRAY avait poussé ses études de Droit jusqu'au Doctorat. Mais il s'était éloigné pendant quelque temps des carrières juridiques pour s'occuper d'affaires financières. Grâce aux connaissances théoriques et pratiques qu'il parvint ainsi à réunir, il nous a donné, pour l'Annuaire de législation française de 1891, le commentaire le plus complet et le plus exact du décret du 7 octobre 1890 sur les agents de change et les opérations de Bourse.

M. Louis LALLEMENT, après avoir subi avec succès les épreuves du concours des attachés au Ministère de la justice, fut nommé secrétaire du Tribunal des conflits. Il devint bientôt juge suppléant au Tribunal civil de la Seine et y fut chargé de l'instruction, puis il quitta ce tribunal pendant quelques années pour remplir les fonctions de Secrétaire en chef du parquet de la Cour de cassation. Il rentra comme juge au Tribunal de la Seine et y fut appelé en 1896 à la présidence d'une section. D'un esprit très ouvert et très cultivé, il donnait son temps aux questions d'art en même temps qu'à l'exercice de ses fonctions judiciaires. Il apportait dans tous ses travaux un soin et une méthode remarquables. Ses qualités apparaissent spécialement dans la façon dont il a rempli une tâche difficile et aride, la refonte de la table des arrêts de la Chambre criminelle, qu'il a complétée et mise à jour.

M. LEVIEZ, né à Chartres en 1824, avait fait à la Faculté de Droit de Paris les plus brillantes études. Il entra par le concours au Conseil d'État en qualité d'auditeur. Devenu Maître des requêtes, il y remplit sous le Second Empire les fonctions de commissaire de gouvernement au contentieux avec un éclat dont ses contemporains n'ont pas perdu le souvenir. Appelé en 1860 au Crédit foncier de France comme sous-gouverneur, il conserva cette fonction pendant plus de quinze ans et s'y signala particulièrement par la présence d'esprit et le courage avec lesquels il prit, pendant l'insurrection de la Commune, des mesures prudentes pour sauvegarder les intérêts de cet établissement et de ses nombreux obligataires. Il a, pendant la dernière partie de sa vie, dirigé la grande compagnie d'assurances contre l'incendie l'Urbaine et il y a laissé le souvenir de l'administrateur le plus consciencieux et le plus éclairé. Les importantes fonctions exercées par M. Leviez ne l'éloignèrent jamais complètement des études théoriques. S'il ne nous a donné aucun travail, du moins, à plusieurs reprises, il est venu prendre part à nos discussions et y a montré la grande variété de ses connaissances et la finesse de son esprit.

M. Paul de RÉMUSAT ne paraît jamais s'être spécialement consacré aux études de droit. Mais il avait un esprit trop large pour ne pas comprendre l'utilité des travaux de législation comparée. Aussi compte-t-il parmi nous depuis 1876.

M. Paul de Rémusat a fait partie de toutes nos assemblées depuis 1871, Assemblée nationale, Chambre des Députés, Sénat. La politique lui a laissé des loisirs que, suivant la plus noble des traditions de famille, il a employé aux travaux de l'esprit. Il a publié dans la *Revue des Deux Mondes* et dans le *Journal des Débats* de nombreux articles sur l'histoire des sciences naturelles et sur des sujets littéraires. Il est en outre l'auteur d'une remarquable étude sur Thiers parue dans la collection des grands écrivains de la France. Avec une modestie touchante fondée sur une affection filiale profonde, M. Paul de Rémusat comptait pour peu de choses ses propres ouvrages et tenait surtout à honneur d'avoir publié des œuvres posthumes de son père et les mémoires de sa grand'mère, dame d'honneur de l'impératrice Joséphine. L'Académie des sciences morales et politiques avait mieux apprécié que lui-même ses œuvres personnelles ; elle l'avait appelé à siéger dans son sein comme membre libre.

Nous avons perdu parmi nos collègues étrangers MM. GAULIS, BARCELO-LIRA et WATANABÉ.

M. GAULIS était de nationalité suisse. Il appartenait au barreau de Lausanne dont il était un des anciens. En même temps il faisait partie des conseils législatifs du canton de Vaud et occupait une chaire de droit à l'Université de Lausanne. Il a participé à nos travaux en nous adressant à plusieurs reprises des résumés intéressants sur la législation vaudoise (1).

M. Barcelo Lira a rempli dans son pays, le Chili, les fonctions les plus élevées. Il a été tour à tour avocat, professeur à l'Institut national du Chili, conseiller à la Cour d'appel de Santiago et à la Cour suprême, vice-président du Conseil d'État, ministre de l'Instruction publique et de la Justice. Il a, en cette dernière qualité, contribué aux progrès de la législation chilienne ; il a fait voter notamment le Code pénal de 1874 et la loi d'organisation judiciaire de 1875.

M. Watanabé appartenait à une des plus illustres familles du Japon dont plusieurs membres ont été ou sont ministres. Il avait fait dans son pays des études primaires et secondaires complètes, puis était entré au collège des ingénieurs dont il sortit diplômé pour les constructions navales. Il vint ensuite passer plusieurs années en France où il suivit les cours de la Faculté de droit de Paris et de l'École des Sciences politiques. Rentré au Japon, il devint examinateur du bureau des brevets d'invention, puis conseiller au ministère du Commerce et au ministère de l'Intérieur.

Là s'arrêtait, au mois de novembre dernier, le tribut déjà si large que notre Société avait payé à la mort. Nous pouvions espérer n'avoir pas à déplorer de nouvelles pertes. Mais l'année 1897 nous a été, jusqu'au bout, particulièrement funeste ; dans la seconde quinzaine du mois de novembre dernier, nous avons

(1) Prévenu tardivement de la mort d'un autre de nos collègues suisses, M. Chantre, au mois de décembre 1897, mon honoré prédécesseur, M. Tranchant, n'a pu que la constater. A titre exceptionnel, je me fais un devoir de donner sur notre regretté collègue quelques indications.

M. Chantre, né à Genève en 1867, avait fait ses études de droit à l'Université de sa ville natale et dans plusieurs universités allemandes, puis il avait suivi les cours de l'École libre des sciences politiques de Paris. Ses goûts le portaient vers le Droit international. Il avait consacré sa thèse de doctorat soutenue à Genève, *au séjour et à l'expulsion des étrangers.* Il remplit les fonctions de secrétaire de l'Institut de Droit international dans les sessions tenues par cette association à Genève, à Paris et à Cambridge. La maladie qui l'a enlevé il y a quelques mois, ne lui a pas permis de mettre la dernière main à un grand travail qu'il avait entrepris pour un concours académique sur la législation électorale des divers pays.

eu le chagrin de voir disparaître encore, à peu de jours d'inter-
valles, trois de nos collègues, MM. Drumel, Henry Michel et
Bardoux.

M. Drumel a enseigné le Droit romain dans les Facultés de
Douai et de Lille et a, pendant plusieurs années, été doyen de
cette dernière Faculté. Mais, à vraiment parler, c'est à Paris, à la
Chambre des députés, au Sénat, au Conseil supérieur de l'Instruction publique qu'il a passé la plus grande partie de sa vie.
Ses compatriotes des Ardennes l'appelèrent à la Chambre peu de
temps après son entrée dans l'enseignement; après avoir été
écarté de la vie politique pendant quelques années par les
hasards du scrutin, il fut élu sénateur de son département natal.
Par ses connaissances juridiques et la netteté de son esprit, il
a rendu de réels services dans les nombreuses commissions
parlementaires ou autres dont il a fait partie. Sa franchise, la
simplicité de ses manières, l'affabilité avec laquelle il se plaisait
à rendre service à ses collègues de l'enseignement du Droit lui
avaient assuré de nombreuses et solides sympathies. Il fut élu et
réélu sans interruption comme représentant des Facultés de
droit au Conseil supérieur de l'Instruction publique, de 1881
jusqu'en 1896, et il en était encore membre au moment où la
mort l'a frappé.

C'est aussi à l'enseignement du Droit qu'apppartenait M. Henry
Michel. Il avait fait ses débuts à la Faculté de Lyon. Au bout de
peu d'années, ses mérites et le rang qu'il avait obtenu au
concours d'agrégation, le firent appeler à la Faculté de Paris.
Tous les goûts de M. Henry Michel l'attiraient vers le Droit
romain. Il pensait que l'étude peut en être quelque peu renou-
velée par l'épigraphie. Aussi, pendant longtemps, suivit-il, étant
lui-même professeur, le célèbre cours d'épigraphie de Léon
Renier au Collège de France. Il a publié un ouvrage sur le *droit
de cité romaine* fondé en partie sur les inscriptions. Mais les
hasards de sa carrière ne permirent pas à notre cher collègue de
se fixer dans l'enseignement qui paraissait avoir sa prédilection
et auquel de longs travaux l'avaient préparé. Il avait bien enseigné le Droit romain à Lyon ; à Paris, il fut chargé des cours de
Droit commercial, de Législation industrielle, pour devenir ensuite
professeur de Droit administratif. Tous ceux qui ont suivi ses
cours se plaisent à rendre hommage à la solidité de son ensei-

gnement. Ses collègues de la Faculté de droit savent quel a été son dévouement à ses fonctions et combien ils pouvaient compter sur une affection qu'ils se plaisaient à lui rendre et qu'ils lui conservent.

M. Bardoux a occupé les situations les plus diverses; il a été avocat et bâtonnier à Clermont-Ferrand, membre de l'Assemblée nationale de 1871, membre de la Chambre des députés, sénateur inamovible, sous-secrétaire d'État au ministre de la Justice, ministre de l'Instruction publique, membre de l'Académie des Sciences morales et politiques. Partout et toujours, il s'est fait le défenseur des idées de droit et de liberté. Avec une bienveillance et une aménité parfaites, il a montré plus de fermeté dans ses convictions que d'autres qui affectent la raideur du caractère et qui étalent l'inflexibilité de leurs principes. M. Bardoux a pris part, spécialement au Sénat depuis quinze ans, à toutes les discussions législatives de quelque importance, et il a rédigé de nombreux rapports dont plusieurs sont des modèles. Malgré toute son activité politique, il a su trouver le temps d'écrire des livres où, avec un remarquable talent d'historien et d'écrivain, il a parfois fait revivre des figures d'hommes qui, dans le passé, ont défendu la cause de la liberté. Au premier rang de ses ouvrages il faut mentionner ceux qu'il a consacrés aux anciens légistes et à Lafayette.

J'ai achevé de dérouler devant vous la longue liste des collègues que nous avons eu le chagrin de perdre en 1897. En la parcourant, il est sans doute impossible de ne pas éprouver un sentiment de profonde tristesse. Mais à ce sentiment doivent s'en mêler d'autres, une légitime fierté et une confiance absolue dans l'avenir de la Société de Législation comparée. Comment ne serions-nous pas fiers d'avoir compté dans nos rangs tant d'hommes distingués et justement honorés? Comment aussi n'aurions-nous pas la conviction qu'une société qui a pu attirer à elle de tels hommes appartenant souvent aux pays les plus divers, a un but vraiment utile et élevé, qu'elle est destinée à vivre, à prospérer, à se développer sans cesse, pour contribuer de plus en plus au progrès du Droit dans le monde?

PARIS. — IMPRIMERIE E. FLAMMARION, RUE RACINE, 26